BEI GRIN MACHT SICH IHR WISSEN BEZAHLT

AF167986

- Wir veröffentlichen Ihre Hausarbeit,
  Bachelor- und Masterarbeit

- Ihr eigenes eBook und Buch -
  weltweit in allen wichtigen Shops

- Verdienen Sie an jedem Verkauf

Jetzt bei www.GRIN.com hochladen und kostenlos publizieren

Strategische Unternehmensführung bei der Eröffnung eines Fitnessstudios

Bibliografische Information der Deutschen Nationalbibliothek:

Die Deutsche Nationalbibliothek verzeichnet diese Publikation in der Deutschen Nationalbibliografie; detaillierte bibliografische Daten sind im Internet über http://dnb.d-nb.de abrufbar.

ISBN: 9783346587046
Dieses Buch ist auch als E-Book erhältlich.

© GRIN Publishing GmbH
Trappentreustraße 1
80339 München

Alle Rechte vorbehalten

Druck und Bindung: Books on Demand GmbH, Norderstedt Germany
Gedruckt auf säurefreiem Papier aus verantwortungsvollen Quellen

Das vorliegende Werk wurde sorgfältig erarbeitet. Dennoch übernehmen Autoren und Verlag für die Richtigkeit von Angaben, Hinweisen, Links und Ratschlägen sowie eventuelle Druckfehler keine Haftung.

Das Buch bei GRIN: https://www.grin.com/document/1163791

Deutsche Hochschule für
Prävention und Gesundheitsmanagement
Hermann-Neuberger-Sportschule 3
66123 Saarbrücken

Studiengang	Prävention und Gesundheitsmanagement
Studienmodul	Strategische Unternehmensführung 1
Datum Präsenzphase (siehe Ergebnisdokumentation)	28.10.2021 – 30.10.2021
Aufgabe	Erstellung eines Strategieberichts für ein Gesundheitsstudio in Düsseldorf

Inhaltsverzeichnis

1 Darstellung der Ausgangssituation

Die folgende Arbeit umfasst den Strategiebericht für das Gesundheitsstudio „Mobility" welches in Düsseldorf neu gegründet werden soll. In der ersten Phase wird die Ausgangssituation anhand des Standortes und einer genauen Beschreibung des Unternehmenstyps erläutert. Nachfolgend wird anhand der unternehmerischen Vision und Mission, sowie an den unternehmerischen Grundwerten die strategische Zielplanung des Unternehmens genauer betrachtet und ein regionaler Branchenvergleich vorgenommen. Die dritte Phase beschäftigt sich mit der strategischen Analyse und Prognose. Die Ergebnisse dieser Phase werden anhand eines Five-Forces-Modell nach Porter und einer SWOT Analyse dargestellt. Anschließend werden auf der Grundlage der vorherigen Ergebnisse Strategien für das Unternehmen formuliert und bewertet. Die letzte Phase beschäftigt sich mit dem Thema Personalmanagement und beschreibt welches Führungsverhalten von Führungskräften erwartet wird und wie das gewünschte Verhalten geprüft werden kann.

1.1 Wahl des Standortes

Das neue Gesundheitsstudio „Mobility", welches in Düsseldorf neu errichtet und eröffnet werden soll, muss zentral liegen und für jedermann gut erreichbar sein. Deswegen wurde als Standort die Immermannstraße 54 in 40210 Düsseldorf gewählt. Der gewählte Standort liegt fünf Gehminuten vom Düsseldorfer Hauptbahnhof entfernt, wo neben den Zügen des Nah- und Fernverkehrs auch die Straßen- und U-Bahn hält und wieder abfährt. Des Weiteren befindet sich direkt vor dem Gebäude die Haltestelle „Charlottenstr./Oststr.", hinter dem Gebäude das Parkhaus „Contipark" und innerhalb von fünf Gehminuten das Parkhaus am Hauptbahnhof. In der Umgebung befinden sich verschiedene kulinarische Restaurants und Bars, sowie kleine Einzelhandelsgeschäfte und Bürogebäude.

Die nachfolgende Abbildung zeigt den Standort des Gesundheitsstudio in der Immermannstraße 54 in 40210 Düsseldorf.

Abb. 1: Standort Gesundheitsstudio (eigene Darstellung)

1.2 Beschreibung des Unternehmenstyps

Das Gesundheitsstudio „Mobility" ist nicht nur die perfekte Anlaufstelle für Personen mit gesundheitlichen Problemen, wie zum Beispiel Bandscheibenvorfällen oder Arthrose, sondern auch der perfekte Treffpunkt für jeden der etwas für sich und seine Gesundheit tun möchte. Die Türen des Studios sind von Montag bis Freitag 07:00 Uhr bis 21:00 Uhr und am Samstag + Sonntag 10:00 Uhr bis 20:00 Uhr für Mitglieder und Interessenten geöffnet. In dieser Zeit stehen den Mitgliedern ausgebildete Gesundheits- und Fitness-trainer für jede Art von Fragen, Betreuung auf der Fläche und im Kursbereich zur Seite. Jedes neue Mitglied erhält am Anfang eine individuelle Trainingsstunde, in der ein Ge-sundheitscheck stattfindet, Probleme und Ziele besprochen werden und ein Trainingsplan erstellt wird. Außerdem findet in dieser Zeit das breitaufgestellte Kursangebot statt und jedes Mitglied kann daran teilnehmen. In kleineren Gruppen findet mehrmals täglich ein

Mobilitätstraining statt. In dieser Stunde wird an der Mobilität in einzelnen Gelenken gearbeitet, so dass kleine Alltagsaufgaben schmerzfreier bewältigt werden können. Das Mobilitätstraining kann auch auf individuellen Wunsch in einer 1:1 Betreuung stattfinden, dort kann gezielter auf eigene Probleme eingegangen werden. Wer etwas für seinen Körper und Geist machen möchte ist in den Yogakursen herzlich willkommen. Angeboten werden die drei Yogarichtungen Power, Hatha und Yin und das mehrmals täglich. Je nach Kurs und Level dauert eine Yoga-Kurs zwischen 30 und 90 Minuten. Zum Abschluss einer erfolgreichen Trainingseinheit kann in unserem Wellnessbereich entspannt werden, entweder ganz relaxt auf einer Liege in unserem Ruheraum, in einer der fünf Saunen, auf einem vier Solarien oder auf einer der zwei Wassermassageliegen. Montags, mittwochs und freitags kann zusätzlich eine Massage bei einem Masseur oder einer Masseurin gebucht werden. Es gibt nur einen Standarttarif, dieser liegt bei 45€ im Monat und beinhaltet das komplette Trainings- und Kursangebot, sowie die Trainingsbetreuung und Trainingsplanerstellung. Das Wellnesspaket, bestehend aus Sauna, Solarium, Massageliege und Getränken kann für 15€ im Monat dazu gebucht werden.

2 Phase der strategischen Zielplanung

2.1 Unternehmerische Vision, Mission und Grundwerte

Die folgende Aufgabenstellung befasst sich mit der unternehmerischen Vision, Mission und den Grundwerten.

Die Vision des Gesundheitsstudios lautet: „Wir möchten das Gesundheitsstudio sein, welches allen Menschen die Beweglichkeit zurückbringt, um jede Alltagssituation schmerzfrei meistern zu können". Wer möchte nicht seinen Alltag ohne gesundheitliche Probleme bewältigen können? Sei es das morgendliche Aufstehen, Schuhe anziehen, Wasserkisten tragen oder die Schmerzen nach der Gartenarbeit. Gründe für die akuten Schmerzen und auch die langanhaltenden Folgen sind nicht nur die wenigen Minuten, die wir uns am Tag für unsere Gesundheit nehmen, sondern auch die falschen Bewegungen, zum Beispiel beim Aufheben von Gegenständen oder stundenlange arbeiten am Schreibtisch. Mit ein paar kleinen Tipps, die sich wunderbar in den Alltag integrieren lassen und einer regelmäßigen sportlichen Routine gehören diese Probleme der Vergangenheit an.

Die Mission des Gesundheitsstudios ist folgende: „Wir bieten die optimale individuelle Betreuung für jeden Menschen im Bereich Sport, Bewegung und Entspannung". Bei uns ist jeder Mensch herzlich willkommen. Durch das sehr gut ausgebildete Personal können wir jedem Interessenten bei seinen individuellen gesundheitlichen Problemen zur Seite stehen und ihm aktiv helfen, seine Lebensqualität und seine Bewegungen zu verbessern.

Das Gesundheitsstudio „Mobility" steht für die Prävention und Gesundheitsförderung für jeden Menschen und für jedes Alter. Die individuelle Kundenbetreuung in jedem Geschäftsbereich gibt jedem Mitglied und auch jedem Interessenten ein Stück Geborgenheit und das Gefühl Zuhause zu sein. Das Personal möchte die Menschen vor Gelenkproblemen, Fehlhaltungen und falschen Bewegungen präventiv schützen, aber auch allen gesundheitlich eingeschränkten Menschen ein Stück Lebensqualität zurück bringen. Sei es in alltäglichen Situationen, beim Aufbau von Muskeln und Sicherheit im Training oder bei der Entspannung und Ruhe in kleinen Auszeiten.

2.2 Strategische Zielplanung

1. Unternehmensziel: (Weiter-)Bildung

Das oberste Ziel für unser gesamtes Personal ist die (Weiter-)Bildung, denn jeder Mitarbeiter soll die beste Version von sich selbst werden und seine Wünsche und Träume verwirklichen können. Jeder Mitarbeiter hat im Jahr bis zu dreimal die Möglichkeit eine Weiterbildung, einen Lehrgang und/oder eine Trainerlizenz zu machen. Das gelernte Wissen wird direkt am Kunden angewendet und ermöglicht dadurch einen hohen Qualitätsstandart in jeder Trainingseinheit, in jedem Kurs und in jedem Gespräch. Die Mitglieder sollen vom ganzen Wissen profitieren und können zweimal pro Monat einen Workshop bei unseren Mitarbeitern belegen. Dort wird neben der korrekten Übungsausführung auch das Wissen aus der Theorie an die Mitglieder weitergegeben.

2. Unternehmensziel: Mitglieder-Erhalt

Der Erhalt der Mitglieder steht für das Studio vor der Gewinnung von Neumitgliedern. Jedes Mitglied soll die Betreuung, durch qualifiziertes Personal bekommen, welche er sich wünscht. Die Zufriedenheit der Mitglieder und die individuelle Betreuung hält die Kündigungsquote niedrig, wodurch die Einnahmen langfristig gesichert werden. Des Weiteren haben die Mitglieder durch eine Feedback-Box die Möglichkeit Wünsche,

Anregungen, aber auch Kritik zu äußern. Dadurch weiß jeder Mitarbeiter wo die Schwächen des Studios sind und woran in der kommenden Zeit gearbeitet werden muss.

3. Unternehmensziel: Firmenfitnesskooperationen

Mobility möchte die Anlaufstelle für Firmen sein, wenn es um die Gesundheit der Mitarbeiter geht. Jede Firma profitiert durch eine Firmenfitnesskooperation, da die Mitarbeiter bei gesundheitlichen Problemen aktiv etwas für ihre Bewegung tun. Die Anzahl der Krankmeldungen im Unternehmen wird zurück gehen, da präventiv für ein gesundes Leben trainiert und „gearbeitet" wird. Die Firmen haben die Möglichkeit mit ihren Mitarbeitern feste Kurse zu buchen, aber gleichzeitig können die Mitarbeiter auch die Geräte auf der Fläche und den Wellnessbereich nutzen. Hierfür werde extra Firmenkonditionen geschaffen, die für alle Parteien das Beste ermöglichen.

4. Unternehmensziel: Zusammenarbeit Praxen, Reha Zentren und Krankenkassen

Durch das hochqualifizierte Personal und zertifizierte Studio wird der Standard so hochgehalten, dass eine enge Zusammenarbeit mit Arztpraxen, Reha Zentren und Krankenkassen angestrebt wird. Zum Beispiel werden Patienten, die gerade von einem mehrwöchigen Aufenthalt in der Reha kommen, durch unsere Gesundheitstrainer bestens betreut und werden nach der Betreuung in der Reha nicht allein gelassen. Gleiches gilt für Training „auf Rezept" um beispielsweise eine Operation zu umgehen.

2.3 Branchenvergleich

Die Fitness- und Gesundheitsbranche ist in Düsseldorf sehr gut vertreten, allerdings gibt es viele Kettenbetriebe wie zum Beispiel FitX und John Reed, die aufgrund ihrer Größe, Anzahl Mitglieder, der Personalstruktur und Tarifen nicht mit dem Gesundheitsstudio „Mobility" verglichen werden können.

Das Gesundheitszentrum „Vitalis" welches auch in Düsseldorf, allerdings in der Mindener Straße 22 ansässig ist, bietet ein sehr ähnliches Konzept. Das genannte Studio befindet sich knapp 20 Minuten Fußweg vom Standort des Studios „Mobility" entfernt und liegt damit etwas außerhalb vom Stadtkern. Betrachtet man die Homepage (Vitalis RSB GmbH) wirbt das Studio mit Reha-, Präventions-, und Gesundheitssport, Gruppentraining und Wellness. Außerdem kann über die Homepage bereits online ein Vertrag abgeschlossen werden, der wöchentliche Beitrag beläuft sich auf 9,99€ und beinhaltet das Cardio-

und Krafttraining, dazu kommt das online Startparket (3 Personaltraining Einheiten und Transponder) für 169€. Zusätzlich können noch unter anderem die Getränke Flat für 1,99€ im Monat und die Sauna für 1,99€ in der Woche dazu gebucht werden. Leider gibt es keine genaueren Informationen, ob der Reha-, Präventions-, und Gesundheitssport, sowie die Kurse im wöchentlichen Preis enthalten sind. Betrachtet man die Google Bewertungen, kommt das Unternehmen bei 160 Rezensionen auf eine 4,3 von 5 Sternen Bewertung, gleich gut lesen sich die Bewertungen auf der Homepage. Die Ausstattung des Studios schaut auf den Bildern bei Google gut aus, allerdings sehen die Geräte etwas älter aus. Die Öffnungszeiten des Gesundheitszentrums sind Montag bis Freitag von 08:00 Uhr bis 20:30 Uhr, samstags ist das Studio geschlossen und am Sonntag von 09:00 Uhr bis 15:00 Uhr geöffnet.

Im genaueren Vergleich bieten beide Studios ein sehr ähnliches Konzept mit Reha-, Präventions-, und Gesundheitssport, Gruppentraining und Wellness an. Einzige Unterschiede sind die Öffnungszeiten, das Gesundheitszentrum Vitalis hat insgesamt 68,5 Stunden die Woche geöffnet, wo hingegen das Gesundheitsstudio Mobility auf 90 Wochenstunden kommt. Auch bei den Tarifen sind beide Studios im Monatsbeitrag sehr ähnlich, im Vitalis liegt der Monatsbeitrag inkl. Cardio- und Krafttraining bei knapp 40€. Die Mitgliedsbeiträge bei Mobility beinhalten das komplette Trainings- und Kursangebot und liegen bei 45€ im Monat. In Anbetracht der Tatsache das das Gesundheitsstudio Mobility erst noch neu eröffnet wird, werden hier die modernen und technisch fortschrittlicheren Geräte und Maschinen stehen.

3 Phase der strategischen Analyse und Prognose

3.1 Branchenstrukturanalyse

Mitbewerber: Es gibt viele weitere Mitbewerber in der Umgebung, zum Beispiel Kettenberiebe wie John Reed, Holmes Place, Kieser Training, FitX und Fitness First. Allerdings gibt es auch viele Einzelbetriebe wie Lady Fitness, Cocoon Fitness und Vitalis. Aufgrund der Dichte an Fitness- und Gesundheitsstudios ist der Druck der Mitbewerber hoch.

Potenzielle Mitbewerber: Heutzutage ist es für jeden möglich ein Fitness- und Gesundheitsstudio zu eröffnen, gerade durch die Franchisemöglichkeiten kann sich jeder den Wunsch nach einem eigenen Fitnessstudio erfüllen. Im Franchisebetrieb braucht man oft nur ein gewisses Eigenkapital und profitiert vom Franchisepartner, der unter anderem mit Geräteherstellern und Leasinggebern eng zusammenarbeitet. Ein Einzelstudio zu eröffnen, erfordert ein höheres Eigenkapital, höhere Kredite und ggf. Investoren und feste Kooperationen. Die Markteintrittsbarrieren sind dementsprechend vorhanden, aber eher als niedrig bis mittel einzuschätzen, je nachdem ob ein Franchisegeber hinter der Gründung steht oder ein Einzelstudio gegründet wird.

Kunden: Die Kunden können aus einer Vielzahl an Fitness- und Gesundheitsstudios in Düsseldorf wählen. Durch Aktionswoche und-tage kann jedes Studio, welches für einen Kunden in Frage kommt, ausprobiert werden. Die Verhandlungsstärke der Kunden ist hoch.

Ersatzprodukte: Im Zeitalter der Digitalisierung wird natürlich auch der Sport und die Gesundheit digitalisiert. Im Internet befinden sich mittlerweile eine Vielzahl an online Programmen, die Zuhause absolviert werden können oder Apps, die einen Trainingsplan ganz auf die individuellen Bedürfnisse schreibt. Außerdem bieten auch immer mehr Krankenkassen online Workshops zum Thema Bewegung, Sport und Ernährung an. Die Bedrohung durch Ersatzdienste ist demnach mit mittel bis hoch einzuschätzen. Nicht jeder möchte von Zuhause trainieren oder Übungen machen, die ohne einen Blick auf die richtige Ausführung absolviert werden.

Zulieferer: Die Verhandlungsstärke des Unternehmens orientiert sich an der Abnahmemenge der benötigten Geräte. Dementsprechend kann bei einer hohen Abnahmemenge von Seiten des Unternehmens mehr verhandelt werden als bei einer geringen Abnahmemenge, denn dann befindet sich der Zulieferer in der Machtposition. Die Verhandlungsstärke von Zulieferern ist demnach als mittel einzuordnen.

3.2 SWOT-Analyse

Die SWOT Analyse steht für Strengths - Weakness - Opportunities – Threahts und ist eine Methode, um die Chancen und Risiken der Umwelt, mit den eignen Stärken und Schwächen in Verbindung zu bringen. Ziel ist es, die gegeben Chancen aus der Umwelt mit den Unternehmensstärken zu kombinieren, um das bestmögliche zu erreichen (Kaufmann, 2021, S. 289-2919).

Die nachfolgende Tabelle (Tab.1) zeigt die Chancen und Risiken der Umweltanalyse auf.

Tab. 1: Umweltanalyse

Chancen (Opportunities)	Risiken (Threats)
- zunehmendes Gesundheits- und Körperbewusstsein in jedem Alter	- zunehmender Preisdruck durch Anstieg der Preistranzparenz
- individuelle Betreuung und Beratung wird den Kunden immer wichtiger	- abwerben von Mitgliedern durch andere Fitness- und Gesundheitsstudios
- durch die Zentrale Lage Kooperationspartner in der Nähe suchen	- abwerben von Mitarbeitern

Die nachfolgende Tabelle (Tab. 2) zeigt die Stärken und Schwächen der Unternehmensanalyse auf.

Tab. 2: Unternehmensanalyse

Stärken (Strength)	Schwächen (Weaknesses)
- breit aufgestelltes Angebot im Trainings-, Kurs- und Wellnessbereich	- hohen Lohnkosten für qualifiziertes Personal
- persönliche und individuelle Betreuung	- niedriger Bekanntheitsgrad als neues Einzelunternehmen auf dem Markt
- sehr gut qualifiziertes Personal	- keine eigenen Parkplätze am Studio
	- noch keine Zertifizierung um mit Praxen, Reha Zentren und Krankenkassen zusammenzuarbeiten

Anhand der Ergebnisse aus den beiden oberen Tabellen zur Umwelt- und Unternehmensanalyse ergibt sich folgende SWOT Matrix mit je zwei Strategien pro Feld.

Die nachfolgende Tabelle (Tab. 3) zeigt die Stärken, Schwächen, Chancen und Risiken des Unternehmens auf.

Tab. 3: SWOT Analyse

	Chancen (Opportunities)	Risiken (Threats)
Stärken (Strength)	**S-O-Strategie** Das breit aufgestellte Angebot an Trainings-, Kurs- und Wellnessangeboten muss beworben werden, um Interessenten zu zeigen, dass das Studio genau die individuelle Betreuung und Beratung bietet, die gewünscht wird. Die Angebotspalette und das sehr gut ausgebildete Personal nutzen, um das beste aus der zentralen Lage herauszuholen und neue Kooperationspartner zu finden.	**S-T-Strategie** Den bereits vorhandenen hohen Standard an qualifiziertem Personal aufrechthalten und ggf. ausbauen, um keine Mitglieder an Mitbewerber zu verlieren. Allen Mitarbeitern Weiterbildungsmöglichkeiten bieten und dadurch ein attraktiver Arbeitgeber sein, um die Mitarbeiter langfristig an das Unternehmen zu binden und das Abwerben von der Konkurrenz zu verhindern.
Schwächen (Weaknesses)	**W-O-Strategie** Durch Promotion Aktionen und Kooperationen die Wichtigkeit der eigenen Gesundheit aufrechthalten und dadurch den Bekanntheitsgrad steigern. Die aktuelle Parkplatzsituation in der unmittelbaren Nähe des Studios ausbauen, durch Kooperationen, z.B. Parkhäusern, die vergünstigte Tarife für Trainieren anbieten.	**W-T-Strategie** Der aktuell noch niedrige Bekanntheitsgrad muss dringend erhöht werden, damit das Unternehmen Mitglieder gewinnt und die Konkurrenz nicht vorher eine Niedrigpreisstrategie fährt und mögliche Interessenten abwirbt. Es müssen vergünstige Parkplätze und ggf. auch Kooperationen mit ansässigen Bus- und Bahnunternehmen geschaffen werden, um Interessenten und Mitglieder nicht langfristig an Konkurrenten mit besseren Bedingungen/Konditionen zu verlieren.

3.3 Zielplanung

Die angegeben Zielplanung mit den vier übergeordneten Zielen (Weiter-)Bildung, Mitglieder-Erhalt, Firmenfitnesskooperationen und Zusammenarbeit mit Praxen, Reha Zentren und Krankenkassen sind alle realisierbar, allerdings muss für das letzte genannte Ziel noch mehr getan werden als für die anderen drei. Die (Weiter-)Bildung der Mitarbeiter ist durch feste Einnahmen der Mitgliedsbeiträge gesichert und auch für die langfristige Mitgliederbindung und -zufriedenheit essenziell wichtig. Auch für den Erhalt der Mitarbeiter im Unternehmen ist dieser Punkt sehr wichtig, denn jeder Mensch möchte das bestmögliche aus sich herausholen und sich weiterentwickeln. Um einen festen Mitgliederstamm zu erhalten ist die bereits angesprochene Mitgliederzufriedenheit sehr wichtig. Durch den engen Kontakt von Mitarbeitern zu Mitgliedern, kommt regelmäßig direktes Feedback in der Führungsebene an. Dort kann dann gegen Problem gegengesteuert werden, aber auch das Unternehmen weiterentwickelt werden. Gerade die Weiterentwicklung ist für den Punkt mit Firmenfitnesskooperationen sehr wichtig. Wenn ein Arbeitgeber schon Gesundheitsförderung für seine Mitarbeiter zahlt, dann möchte er einen gewissen Qualitätsstandart haben. Das Ziel der Firmenfitnesskooperation sollte allerdings nicht nur den Fokus auf Gesundheitsförderung legen, sondern es sollten auch andere Kooperationen eingegangen werden, um das Unternehmen Mobility ansprechender zu machen. Ein Beispiel hierfür wäre eine Kooperation mit anliegenden Parkhäusern, die einen vergünstigten Tarif anbieten könnten für Mitglieder von Mobility. Natürlich bekommen die Mitarbeiter dieser Kooperationspartner auch vergünstige Angebote im Gesundheitsstudio. Wie bereits am Anfang genannt hat das Unternehmen aber noch die meiste Arbeit vor sich um eine direkte Zusammenarbeit mit Praxen, Reha Zentren und Krankenkassen zu erhalten. Hierfür ist die Zertifizierung des Studios ausschlaggebend, diese kann natürlich erst nach der Eröffnung erfolgen. Nach der erfolgreichen Zertifizierung muss viel Zeit, Arbeit und auch Herzblut in das Projekt gesteckt werden, um ein nennenswerter Partner zu werden. Vielleicht sollte gerade am Anfang das Ziel etwas kleiner gesteckt werden und sich zum Beispiel erstmal auf die Krankenkasse zu fokussiert die die Kosten für den Gesundheitssport im Studio für Mitglieder der Krankenkasse anteilig übernehmen.

4   Phase der Strategieformulierung

4.1 Strategieformulierung

Das neugegründete Unternehmen Mobility plant als Strategieformulierung auf Unternehmensebene, am Markt eine Wachstumsstrategie. In den ersten zwei Geschäftsjahren soll die Mitgliederzahl auf 1.500 Mitglieder steigen. Um das Ziel zu erreichen, sollen Kooperationen mit ansässigen Firmen und gesetzlichen, sowie privaten Krankenkassen stattfinden. Auf dem bereits vorhandenen Markt möchte sich das Unternehmen durch die individuelle Beratung und Betreuung mit einer Wettbewerbsstrategie differenzieren. Die

Grundwerte und Stärken des Gesundheitsstudios müssen im Vordergrund stehen und alle Mitarbeiter müssen die Ziele kennen, leben und weitergeben. Wie bereits genannt befindet sich das Unternehmen Mobility auf einem bestehenden Markt und wirbt auch mit bereits bestehenden Produkten, demnach wir eine Marktdurchdringung angestrebt. Durch die vergleichbaren Leistungen von Mobility zu anderen Gesundheitsstudios in Düsseldorf wird zuerst die Sicherung der Marktanteile angestrebt. Durch weitere Zusammenarbeit und Kooperationen mit Firmen, Arztpraxen, Reha Zentren und Krankenkassen sollen neue Kunden gewonnen werden und der Ausbau der Markanteile stattfinden. Hierfür wird auch zusätzlich das Marketing mit eingeschaltet, welches für ein gutes gleichbleibendes Image der Studio sorgen soll.

4.2 Blue Ocean-Strategie

Die Blue Ocean Strategie ist eine von zwei entwickelten Strategien zur positionieren auf dem Markt und wurde von Kim und Mauborgne (2005) entwickelt. Durch eine gezielte Abgrenzung des Geschäftsmodells wird ein eigener Markt geschaffen, dadurch wird man als Wettbewerber unabhängiger und befindet sich nicht in einer direkten Konkurrenz- und Wettbewerbssituation.

Eine Möglichkeit für das Gesundheitsstudio Mobility so einen „blue ocean" zu erschaffen ist eine Kooperation mit allen Düsseldorfer Taxiunternehmen, den Straßen- und U-Bahnen, sowie den Regionalzügen in und um Düsseldorf, den Parkhäusern in der unmittelbaren Umgebung und Anbietern von E-Scootern. Jedes Mitglied kann sich im Studio eine Karte ausstellen und mit Geld aufladen lassen. Diese Karte besitzt einen QR Code und eine Nummer, welche dann bei der Buchung eines der genannten Verkehrsmittel angegeben werden muss. Darüber erhält das Mitglied einen vergünstigten Tarif und kann mit jedem Verkehrsmittel aus jedem Stadtteil in Düsseldorf zum Studio gelangen. Durch diese Möglichkeit kann jedes Mitglied problemlos zum Studio gelangen, egal ob er ein eigenes PKW besitzt oder mit der Bahn anreist.

5 Personalmanagement

Die Arbeitswelt mit alle ihren Wertschöpfungsprozessen, Qualifikationsprogrammen und Strukturen befindet sich im Wandel, weg von der Industriearbeit hin zur Dienstleistungsarbeit (Reichwald, Schipanski & Pößl, 2021, S. 23-25). Durch diesen Wandel kommt es auch zu Veränderungen im Wettbewerb, welcher immer mehr neue Anforderungen an Unternehmen, Arbeitgeber und Arbeitnehmer stellt.

5.1 Führungsverhalten

Die Führungskraft muss ihr Führungsverhalten situationsbedingt wählen, denn jede Situation und jede beteiligte Person sind so individuell, dass immer eine neue Sicht auf die Ausgangssituation erfolgen muss. Eine Führungskraft muss über gewisse Persönlichkeitseigenschaften verfügen, unter anderem sind das: Intelligenz, Leistungsbereitschaft, Kontakt- und Konfliktfähigkeit, Zuverlässigkeit und Pünktlichkeit. Diese Eigenschaften werden tagtäglich gebraucht und müssen dem weiteren Personal vorgelebt werden. Des Weiteren muss der Charakter der Führungskraft ergebnis- und leistungsorientiert, zielstrebig, strukturiert und organisiert sein. All diese genannten Eigenschaften und Merkmale, die die Führungskraft mitbringen soll, beeinflussen die Mitarbeiter und genau das ist das Ziel von Führung.

Betrachtet man nun aber das Thema „Leadership" steht hier nicht mehr das Beeinflussen von Menschen Vordergrund, sondern das Inspirieren. Ein Leader ist ein Visionär (Hinterhuber & Krauthammer, 2015, S.11). Er soll die Mitarbeiter inspirieren und sie zum strategischen und unternehmerischen denken und handeln bewegen. Laut Hinterhuber (2015) besteht der Leadership Ansatz aus drei Säulen:

1. Visionär sein: „Den Siegeswillen anspornen."
2. Vorbild sein: „Engagement und Mut zeigen, Energie freisetzen, sowie Innovationen und Talente fördern."
3. Unternehmenswert nachhaltig steigern: „Wohlstand für alle Partner schaffen."

Das Zusammenführen von den gewünschten Persönlichkeitsmerkmalen, Charakteristika und dem Leadership Ansatz ist das Führungsverhalten, welches für das Gesundheitsstudio Mobility gewünscht wird.

5.2 Recruiting

Zuerst wird eine detaillierte Stellenbeschreibung auf Basis der gewünschten Persönlichkeitsmerkmale, Charakteristika, Erfahrungen und Qualifikationen angefertigt. Nach dem Eingang der Bewerbungsunterlagen, die neben einem Lebenslauf, Nachweisen über die Erfahrungen und Qualifikationen auch ein Motivationsschreiben beinhalten, werden

Bewerbungsgespräche terminiert. Die Bewerbungsgespräche ermöglichen ein erstes kennenlernen der Bewerber und dienen als Grundlage für das anschließende Assessment-Center. Laut Obermann (2016) lässt sich das Assessment Center wie folgt definieren „Das Assessment Center (AC) ist eine Methode zur Personalauswahl und Potenzialbeurteilung, bei dem mehrere Verfahrenstypen kombiniert werden und mehr als ein Beobachter eine Einschätzung vornimmt. Der Zeitumfang eines AC beträgt in der Regel ein bis drei Tage." Die Bewerber werden in fiktiven Arbeitssituationen aus der Gesundheitsbranche geprüft, hierfür werden Gespräche mit Interessenten, Gesundheitschecks und Trainingstermine durchgespielt. Die Beobachter bewerten nach einem vorher angefertigten Bewertungsbogen, dieser definiert die Anforderungen an die Bewerber. Der Bewertungsbogen ist die Grundlage für das Abschlussgespräch und die spätere Entscheidung.

6   Literaturverzeichnis

Hinterhuber, H. & Krauthammer, E. (2015). *Leadership – mehr als Management. Was Führungskräfte nicht delegieren dürfen.* (5. Auflage). Wiesbaden: Springer Gabler

Kaufmann, T. (2021). *Strategiewerkzeuge aus der Praxis. Analyse und Beurteilung der strategischen Ausgangslage.* (1. Auflage). Berlin, Heidelberg: Springer Gabler

Kim, W. C., & Mauborgne, R. (2005). *Blue ocean strategy: How to create uncontested market space and make competition irrelevant.* Boston: Harvard Business Press.

Reichwald, S., Franz, M., Hermann, S. & Schipanski, A. (Hrsg.). (2012). *Zukunftsfeld Dienstleistungsarbeit. Professionalisierung – Wertschätzung – Interaktion.* Wiesbaden: Springer Gabler.

Obermann Christof (2016). *Assessment Center. Entwicklung, Durchführung, Trends. Mit neuen originalen AC-Übungen.* (6. Auflage). Wiesbaden: Springer Gabler

Vitalis RSB GmbH. (2021). *Homepage.* Zugriff am 12.11.2021. Verfügbar unter: https://vitalis-oberbilk.de

7 Abbildungs- und Tabellenverzeichnis

7.1 Abbildungsverzeichnis

7.2 Tabellenverzeichnis